Andrea Langenbacher

Das Große im Kleinen

Beten mit Kindern

Für Valentin,
der mühelos das Große im Kleinen sieht
und mir so oft hilft,
es ebenfalls zu entdecken.

Inhalt

Landkarte und Lupe – Einleitung

»Ich glaube, das größte Geschenk, das ich von jemandem bekommen kann, ist, dass er mich sieht, mir zuhört, mich versteht und mich berührt. Das größte Geschenk, das ich einem anderen Menschen machen kann, ist, ihn zu sehen, ihm zuzuhören, ihn zu verstehen und ihn zu berühren.«[1]

Dieses Zitat der Familientherapeutin Virginia Satir habe ich vor einigen Jahren in meiner Sammlung mir wichtiger Texte notiert. Und jedes Mal, wenn ich diese Sätze lese, geht mein Herz auf, spüre ich schon etwas von diesem so wichtigen Geschenk, das wir einander geben können. Ich stelle es an den Anfang dieses Buches über das Beten mit Kindern, weil beten, so wie ich es verstehe, viel mit dem zu tun hat, was Virginia Satir beschreibt. Beten ist sehen, hören, verstehen und berühren. Ist gesehen, gehört, verstanden und berührt werden.

Ein Buch übers Beten mit Kindern mag auf den ersten Blick vielleicht überraschen. Wer braucht das? Wer sowieso betet und den eigenen Glauben – in welcher Art und Weise auch immer – bewusst lebt, der oder die betet auch ganz selbstverständlich mit den eigenen Kindern und braucht dazu kein Buch zu lesen. Und für Eltern, die areligiös sind, spielt Beten sowieso keine Rolle. So weit, so eindeutig? Mir scheint, so trennscharf sind die Unterscheidungen heute nicht mehr. Auch beim Thema Religion und

Spiritualität hat sich Familienleben pluralisiert und individualisiert.

Zwischen »entschieden areligiös« und »selbstverständlich religiös« gibt es heute viele verschiedene Ausdrucksformen – oder nicht ausgedrückte Formen – religiöser Existenz:

- Verena sagt von sich, sie sei »irgendwie schon gläubig«, aber eine religiöse Praxis hat sie seit ihrer Konfirmation nicht mehr. Sie würde eigentlich gerne mit ihren Kindern beten, weil sie es wichtig findet, dass Kinder mit Religion aufwachsen, fühlt sich aber unsicher, wie sie das machen soll, und ist deshalb gehemmt.

- Jens ist weder religiös aufgewachsen, noch hatte das Thema für ihn bisher eine Bedeutung. Seit er Vater ist, sieht das anders aus. Wenn er seine kleine Tochter im Tragetuch hat oder sie im Schlaf beobachtet, steigt große Dankbarkeit in ihm hoch. Gleichzeitig spürt er eine Riesenverantwortung, der er sich manchmal nicht gewachsen fühlt. Beides würde er gerne an eine »höhere Adresse« abgeben. Er hat jedoch keine Ahnung, wie er mit diesem Bedürfnis umgehen soll.

- Sophie ist in einem katholischen Elternhaus aufgewachsen, steht der Kirche inzwischen aber eher kritisch gegenüber. Sie bezeichnet sich selbst als spirituell Suchende und hat nach Jahren des Ausprobierens eine für sie stimmige religiöse Praxis gefunden, die ihr sehr wichtig ist. Doch sie ist total unsicher, ob und wie sie das auch mit ihren Kindern leben kann.

- Johannes denkt gerne und mit einem warmen Gefühl an seine Kindheit zurück, als seine Oma auf der Bettkante saß und mit ihm das immer gleiche Abendgebet gesprochen hat. Dieses Gefühl von Geborgenheit und Sicherheit wünscht er sich für seine Kinder auch. Die Vorstellung jedoch, dass er vor ihnen über »14 Englein« spricht, die um die Betten der Kinder stehen, berührt ihn eher peinlich.

- Bis zu ihrem Umzug waren Karla und ihre Familie Teil einer Kirchengemeinde, in der sie sich total wohlgefühlt haben. Die Kinder mochten die Kindergottesdienste, Karla und ihr Mann sangen im Gemeindechor mit, und regelmäßige Ausflüge und Feiern mit dem Familienkreis machten allen Spaß. In der neuen Stadt dagegen fühlt sie sich heimatlos. In der Gemeinde vor Ort findet Karla für ihre Familie keine Anknüpfungspunkte. Ihr fehlt es, mit den Kindern zu singen und zu beten. Ohne die tragende Kraft der Gemeinschaft gelingt es ihr jedoch nur schwer, zu Hause im

Alltagstrubel einen entsprechenden Rahmen zu schaffen.

Wie bei vielen anderen Themen auch scheint die Selbstverständlichkeit auch dort verloren gegangen zu sein, wo es um religiöse Ausdrucksformen geht. Doch dies muss gar kein Verlust sein – weil das Nachdenken, Suchen und Erforschen beginnen können.

Für diese Forschungsreise will mein Buch so etwas wie eine Landkarte sein. Manch eine/r wünscht sich vielleicht eine detaillierte Wegbeschreibung, einmal rechts abbiegen, dann wieder rechts, danach die dritte Abzweigung links. Nun, daraus wird leider nichts. Auch »Beten mit Kindern leicht gemacht« zu versprechen, wäre Unfug.

Denn Beten – und erst recht beten in der Familie – ist ein vielschichtiges Beziehungsgeschehen. Wenn ich bete, trete ich in Beziehung zu Gott (zu einer größeren Macht, zu einer geistigen Welt ... wie auch immer jede/r es nennen will). Die Art und Weise, wie ich mit meinen Kindern bete, beeinflusst meine Beziehung zu ihnen und sagt gleichzeitig etwas über diese Beziehung aus. Und nicht zuletzt komme ich beim Beten in Kontakt mit mir selbst, mit allem, was mich ausmacht: mit meiner Geschichte, meinen Ängsten und Sorgen, meinem Glück und meiner Freude.

Und all diese Beziehungen sind höchst individuell.

Darüber hinaus wird mein Beten geprägt von den Erfahrungen und Gefühlen, die mit meinen bisherigen religiösen Erfahrungen verbunden sind, von meinem Gottesbild, von meiner Sicht auf das Leben. Wir Eltern sind keine unbeschriebenen Blätter, sondern tragen in unserem Erfahrungsrucksack vieles mit, was uns das Leben und Beten mit unseren Kindern leicht oder eben schwer machen kann. Dies genauer anzuschauen lohnt sich auf jeden Fall. Deshalb kann dieses Buch vielleicht auch so etwas wie eine Lupe sein, die dabei hilft, den Rucksack, den wir da mit uns tragen, einmal genauer zu betrachten und seinen Inhalt zu sortieren.

Wenn Beten ein Beziehungsgeschehen ist und Ausdruck einer grundlegenden Haltung, kann es also gar nicht anders sein, als dass jede Familie ihren eigenen Weg des Betens finden muss. Finden muss? Ich würde eher sagen: finden *darf*. Mein und unser Beten darf sich in die Tradition der Beterinnen und Beter vor uns stellen und es darf auch immer wieder neu sein. Aus den Wurzeln der Tradition dürfen frische Triebe wachsen.

Wer also schon genau weiß, wie beten »geht«, wird mit meinem Buch eher wenig Freude haben. Alle, die sich neugierig auf den Weg machen wollen, das Große im Kleinen zu entdecken und eine wohltuende Dimension des Familienlebens zu erleben, lade ich herzlich ein, dieses Buch als Lupe und Landkarte zu benutzen.

Denken wir gemeinsam darüber nach, wie wir so mit unseren Kindern beten können, dass es authentisch, lebendig und wohltuend ist und Kindern einen Weg spurt, auch dann betende Menschen sein zu können, wenn wir nicht mehr bei ihnen an der Bettkante sitzen.

Übrigens: Ich habe zwar ein theologisches Diplom, aber ich habe dieses Buch nicht als Theologin und schon gar nicht als Katechetin geschrieben, sondern vielmehr als suchende, experimentierende Mutter, die mit ihrer Familie selbst auf dem Weg ist und meistens mehr Fragen als Antworten hat.

Inseln im Familienalltag – warum Beten guttut

Den Spalt offen halten

Als Albert Einstein einmal von einem Studenten gefragt wurde, worüber es sich zukünftig noch zu forschen lohne, soll er nach kurzem Nachdenken geantwortet haben: »Find out about prayer. Someone must find out about prayer.« [»Finden Sie etwas über das Gebet heraus. Jemand muss etwas über das Gebet herausfinden.«]

Wir wissen zwar inzwischen einiges über die positiven Einflüsse z.b. des Meditierens auf unseren Geist und unseren Körper. Regelmäßig zu meditieren schützt nachweislich vor Stresserkrankungen. Es verändert sogar unser Gehirn, weil bestimmte neuronale Verbindungen gestärkt werden, die uns gelassener, zufriedener und entspannter machen. Es gibt außerdem medizinische Untersuchungen, die zeigen, dass das Singen oder Rezitieren von Mantren (heilige Verse, vor allem verbreitet im Hinduismus, Buddhismus und östlichen Christentum) enorme Auswirkungen auf das Wohlbefinden hat.

Es fasziniert mich, dass wissenschaftliche Studien messbare Daten über Wirkungen spiritueller Praktiken erheben können. Doch so beeindruckend diese

Ergebnisse auch sind, sie ändern nichts daran, dass das Wesen des Betens, Meditierens, Mantren Rezitierens usw. geheimnisvoll bleibt.

Was beten eigentlich ist und warum Menschen beten, kann trotz aller wissenschaftlichen Erkenntnisse nur ganz persönlich beantwortet werden. Für manche ist es ein Austausch mit Gott, für andere ein Hören, ein einfaches Dasein oder eine Art Reflexion.

Wenn ich mich frage, wie ich beten in diesem Buch verstehen will, dann hat es neben vielen weiteren Aspekten, die hier und da auftauchen werden, vor allem damit zu tun: Beten in der Familie heißt, den Spalt offen zu halten. Den Spalt, der das hereinlässt, was größer ist als wir selbst; das, was wichtiger ist als ein umgekipptes Saftglas, Hausarbeit und Hausaufgaben; das, was uns zwischen voller Mailbox und vollen Wäschekörben wirklich ausmacht.

In der Familie eine Form des religiösen Ausdrucks zu kultivieren heißt, in den turbulenten Familienalltag Inseln des Innehaltens, der Entspannung, des Zuhörens zu setzen. Dabei geht es nicht um aufwändig vorbereitete religiöse Rituale, auch nicht um den Zwang zur Regelmäßigkeit oder die immer richtigen Worte. Der Alltag und das Leben der einzelnen Familienmitglieder sind in der Regel schon mehr als genug mit Anforderungen vollgepackt. Da braucht es nicht noch eine weitere Pflicht, der Genüge getan werden muss. Beten darf guttun. Beten tut gut. »Beten ist Atemholen aus Gott«, nennt es Dietrich Bonhoeffer.[2] – Was allerdings nicht heißt, dass beten ein überlebenswichtiger Reflex wie das Atmen ist. Zu beten ist für viele gläubige Menschen zwar existenziell, aber es ist, wenn man es aufrichtig tut, nie reflexhaft. Wie ja auch aufrichtig zu kommunizieren nie reflexhaft sein kann.

Kurzum, auch für gläubige oder irgendwie gläubige Menschen ist die Sache mit dem Beten nichts, was wie atmen einfach so geschieht und gelingt. Es wird immer wieder Phasen des Reflektierens, Erforschens und Ausprobierens geben. Und vielleicht auch die Frage, warum ich das eigentlich tue.

Deshalb lohnt es sich, darüber nachzudenken, warum es dem Familienleben guttut zu beten.

Verantwortung
abgeben dürfen

Die Philosophin Barbara Bleisch bezeichnet Elternschaft als »Erfahrung des radikal Unverfügbaren«[3]. Werden wir zum ersten Mal Mutter oder Vater, sind wir mit der Geburt plötzlich für einen Menschen verantwortlich, dessen Wohlergehen für die nächsten paar Jahre auf Gedeih und Verderb von uns abhängig ist. Da liegt auf einmal ein kleines Bündel in unserem Arm, das ohne unsere Begleitung und Hilfe nicht überlebensfähig ist. Und auch wenn aus dem Säugling irgendwann ein Kind und aus dem Kind ein Teenager geworden ist: Kinder brauchen über Jahre unsere Zuwendung, unsere Liebe, unseren Halt, um zu einem gesunden, aufrichtigen, liebevollen Menschen heranzuwachsen, der selbst wiederum Verantwortung in dieser Welt übernehmen kann.

Seien wir ehrlich: Trotz aller Kurse, Bücher und Vorbilder wissen wir nicht wirklich, wie »es geht«, Eltern zu sein. Trotzdem machen wir den Schritt ins Ungewisse und sagen Ja zu diesem Bündel auf unserem Arm (wir können in der Regel gar nicht anders, als Ja zu sagen). Wir geben unser Bestes, und das manchmal bis zur Erschöpfung. Wir singen in den Schlaf und wünschen uns selbst wieder einmal acht Stunden davon am Stück, wir kuscheln, schmieren Brote, durchwachen Fiebernächte, trocknen Tränen, lesen das Lieblingsbuch auch zum hundertsten Mal vor, begleiten tapfer Wutanfälle, Schulfrust und irgendwann den ersten Liebeskummer.

Unser Einfluss ist begrenzt

Doch trotz dieses Bemühens können wir uns niemals sicher sein, wie es unseren Kindern in ihrem Leben ergehen wird. Zu welcher Persönlichkeit unsere Kinder heranreifen, liegt nur sehr begrenzt im Bereich unseres Einflusses. Denn jedes Kind bringt einen ganz eigenen Charakter mit auf die Welt. Und das Buffet aus Werten, Haltungen und Verhaltensweisen, von dem sich unsere Kinder bedienen, um zu einer ganz eigenen Persönlichkeit heranzuwachsen, bestücken wir Eltern nicht allein. Und was genau das Kind davon mitnimmt und was es liegen lässt, liegt sowieso nicht in unserer Hand.

Wir Eltern können unsere Kinder auch nicht schützen vor dem, was wir Schicksal nennen (nicht mal vor dem nächsten Fahrradsturz). Krankheiten, Unfälle, Unglücke etc. geschehen täglich, und immer geschehen sie auch Kindern, deren Eltern viel dafür gegeben hätten, sie davor zu bewahren.

Da liegt also eine ganz schön schwere Last auf den elterlichen Schultern. Radikal unverfügbar eben. Was wir aber sehr wohl beeinflussen können, ist die Art und Weise, wie wir damit umgehen. Und das fängt bei der ersten Kletterpartie auf dem Spielplatz an und endet vermutlich noch längst nicht, wenn unsere Kinder zum ersten Mal alleine auf Reisen gehen.

Folgen wir in unserer Rolle als Eltern dem in unserer Gesellschaft allgegenwärtigen Bemühen, sämtliche Risiken zu vermeiden und zu kontrollieren? Oder versuchen wir, uns zu entspannen und vertrauensvoll aufs Leben und auf unsere Kinder zu schauen?

Wenn das Herz auf der Straße spaziert

›Mit den Kindern spaziert das eigene Herz auf der Straße‹, sagt man. Das Vertrauen mehr zu nähren als die Sorge ist deshalb für Eltern durchaus herausfordernd. Mal gelingt es besser, mal weniger gut. Aber es gelingt auf jeden Fall leichter, wenn man eine Kraft um sich weiß, die größer ist als man selbst. Wenn man an einen Gott glauben kann, von dem die Bibel sagt: »Denn Gott befiehlt seinen Engeln, dich zu behüten auf all deinen Wegen. Sie tragen dich auf Händen, damit dein Fuß nicht an einen Stein stößt.« (Psalm 91,11–12)

Kein Wunder, dass auch Eltern, die sich nicht unbedingt als besonders kirchenverbunden verstehen, das Bedürfnis haben, ihr Kind taufen zu lassen. Oft drückt sich darin der Wunsch aus, das Leben ihres Kindes unter den Segen Gottes zu stellen.

Auch im Alltag können kleine Segensrituale Eltern und Kindern guttun. Wenn mein Sohn eingeschlafen ist, flüstere ich ihm oft noch ein »Bleib behütet« ins Ohr und streiche ihm dankbar mit der Hand übers Haar, bevor ich aus dem Zimmer gehe. Es ist auch eine schöne Geste, den Kindern mit dem Daumen ein Kreuz auf die Stirn zu zeichnen und ihnen z.b. einen guten Wunsch, einen ermutigenden Satz ins Ohr zu flüstern, bevor sie aus dem Haus gehen.

Den Anker auswerfen

Britta Zur, Polizeipräsidentin in Gelsenkirchen, sagt in einem Interview mit dem Bene-Magazin: »Mein Mann ist gläubig, geht auch mit den Kindern in die Kirche. Aber für mich ist Glaube kein Thema. Manchmal wünschte ich, es wäre so. Ich beneide oft

Menschen, die diesen Anker haben, an dem sie sich festhalten können in schweren Zeiten.«[4]

Diesen Anker, den man auswerfen kann in einen Grund, der hält, ist für Eltern unendlich wertvoll. Nicht nur bei den großen Schicksalsschlägen. Auch am Abend an der Bettkante, wenn große Fragen kleine Kinderherzen beschäftigen, auf die auch Eltern keine sichere Antwort geben können: Warum ist Jona so schrecklich krank geworden, das finde ich voll gemein! Papa, der Opa muss bald sterben, aber ich will das nicht!

Es tut Eltern und Kindern gut, wenn Ängste und Traurigkeit am Abend gemeinsam in größere Hände gelegt werden können. Es entlastet mich als Elternteil, wenn ich nicht die letzte Instanz sein und auf alle Fragen eine Antwort haben muss.

Für mich als Vater ist seit Langem die Fürbitte für unsere Tochter und inzwischen auch für ihren Partner und ihre gemeinsame Tochter wichtig. Die Bitte um Schutz und Segen.

Eine Zeit lang war mir auch die Bitte nahe, dass Gott aus meinen, unseren Fehlern im Erziehen und Begleiten etwas Gutes werden lasse.

Das Leben mit Kindern ist ja wie das Leben selbst: lebendig und ein ständiger Beleg für die Erfahrung von Paulus, dass wir das Gute wollen und doch oft daran scheitern; dass wir begabt sind und etwas vermögen und gleichzeitig oft ungeschickt, und heute Gutes sich später auch negativ auswirken kann.

Nun, es hat Gott gefallen, es so einzurichten, dass unfertige, fehleranfällige Eltern mit unfertigen, eigensinnigen Kindern unterwegs sind: auf dass wir nicht mehr sein müssen oder sein wollen als Gottes geliebte Geschöpfe; Geborene, jeden Tag neu.

Hans Jörg, Vater einer erwachsenen Tochter

Rhythmus und Struktur

Kinder sind »Gewohnheitstiere«. Es ist erstaunlich, an welchen aus Erwachsenenperspektive zufälligen Abläufen und Handlungen sie manchmal festhalten und damit ihre ganz eigenen Rituale kreieren. Mein Sohn hörte eine Zeit lang Hörspiele nur mit dem immer gleichen Kuscheltier in der Hand. Waren wir in einer bestimmten Bäckereifiliale, suchte er sich jedes Mal das gleiche Gebäck aus – in einer anderen Filiale der gleichen Bäckerei aber nicht. Kinder brauchen feste Strukturen und manche davon schaffen sie sich eben selbst.

Aber vor allem ist es die Aufgabe der Eltern, einen strukturierten und Halt gebenden Rahmen zu schaffen, innerhalb dessen sich Kinder geborgen entfalten können. Das betrifft vor allem den Ablauf einzelner Tage und setzt sich fort in der Wochenstruktur und im Jahreskreis.

Feste Abläufe und Gewohnheiten sind die Fixpunkte, an denen sich Kinder orientieren können. Sie vermitteln ihnen Sicherheit und Halt – was dringend notwendig ist für diese kleinen Wesen, die tagtäglich so viel Neues lernen.

Wenn ich mich nach dem Aufstehen angezogen habe, gibt es Frühstück. Wenn Oma mich montags von der Kita abholt, gehen wir zum Wildgehege. Solche verinnerlichten Abfolgen sind gerade für kleine Kinder unglaublich wichtig, um sich orientieren zu können. Und Eltern machen sie das Leben leichter. Heimkommen, Schuhe ausziehen, Hände waschen – ist diese Reihenfolge erst einmal verinnerlicht, werden Sinn und Notwendigkeit des Händewaschens vermutlich nur noch selten in Zweifel gezogen und eine Diskussion erübrigt sich, weil es einfach dazugehört.

Struktur ist allerdings nicht zu verwechseln mit enger Taktung! Der Alltag vieler Familien ist eher zu viel als zu wenig getaktet. Die Kinder gehen zur Schule oder in die Kita, die Eltern sind berufstätig, und in den seltenen Lücken am Nachmittag finden Instrumentalunterricht, Handballtraining und Kinderturnen statt. Die Gefahr ist groß, dass der Tages- und Wochenablauf dann nicht einen wohltuenden orientierenden Rahmen vorgibt, sondern zu einem engen Korsett wird, das alle Beteiligten atemlos macht. Darin wird deutlich: Struktur ist mehr als eine möglichst effiziente Taktung. Struktur ist Rhythmus – und der besteht nun mal aus Schall und Stille, aus Aktivität und Nichtstun.

Es ist eine wirklich gute Idee, gerade im turbulenten Familienalltag bewusst solche Pole der Stille zu setzen. (Nicht umsonst lautet eine japanische Weisheit: »Wenn du es eilig hast, gehe langsam.«) Das kann zum Beispiel heißen: wenn alle nach einem langen Kindergarten- und Arbeitstag nach Hause kommen, erst einmal zusammen ein Buch anzuschauen oder bei Keksen und Tee die Kinder erzählen zu lassen, was sie erlebt haben, statt vor dem Abendessen noch schnell die Wäsche zu falten. Oder einen Tag in der Woche freihalten von Terminen, sodass einmal keine Fahrdienste und Absprachen notwendig sind.

Nicht zuletzt können Beten und kleine Rituale im Alltag Akzente der Ruhe setzen. Hier bieten sich besonders die Mahlzeiten und die Übergänge vom Tag zur Nacht an. Wenn zum Beispiel das gemeinsame Frühstück damit beginnt, dass reihum eins der Kinder am Tisch eine Kerze anzünden darf (in der dunklen Jahreszeit, wenn es draußen noch düster ist, ist das besonders schön). Oder wenn trotz hungriger Bäuche vor dem Abendessen Zeit bleibt für einen Moment des Dankens, je nach Vorliebe mit einem Lied oder einem kurzen Gebet. Wir essen unter der Woche in der Regel einmal am Tag als Familie zusammen. Zu Beginn singen wir das Lied »Alle guten Gaben ...« und fassen uns danach kurz an den Händen. Unser fünfjähriger Sohn singt manchmal mit und öfter nicht und statt nach meiner Hand greift er lieber schon mal nach der Gabel. **29**

Aber wenn wir ausnahmsweise vergessen zu singen, ist er es, der uns daran erinnert!

Auch ein segnendes Kreuzchen auf die Kinderstirn zu zeichnen, bevor alle das Haus verlassen, kann in der morgendlichen Hektik so ein Innehalten sein. Es sind nur ein paar Sekunden. Aber wenn es gelingt, innerlich kurz zur Ruhe zu kommen und sich dem Kind wirklich zuzuwenden, dann ist dieser kleine Moment unendlich wertvoll.

Das Gleiche am Abend. Wenn nach einem vollen Tag alle müde sind, drehen die Kinder gerne nochmal auf, während die Eltern sich nichts sehnlicher wünschen als Ruhe. Eine gleichbleibende Struktur für den Ausklang des Tages ist da zwar kein Allheilmittel, kann aber doch für viel Entlastung sorgen. Aber ganz ehrlich: Als müde Eltern versuchte man auch mal gerne, die einzelnen Punkte möglichst schnell hintereinander abzuspulen: Schlafanzug anziehen, Waschen und Zähneputzen, Gute-Nacht-Geschichte, Kuss, Licht aus ... und jetzt hoffentlich endlich Ruhe! Das ist nur allzu verständlich nach einem langen, anstrengenden Tag. Aber man ist damit unversehens wieder auf der Seite des »Schalls«, der ohne die Stille aber keinen Rhythmus macht.

Wenn ein religiöses Abendritual nicht als weiterer abzuhakender Punkt auf der Liste gesehen wird, sondern als Mikroauszeit im abendlichen »Zirkus«, dann hilft es den Kindern, zur Ruhe zu kommen und in den Schlaf zu finden, und auch den Eltern, innerlich zu entspannen – mit den Kindern gemeinsam und nicht erst, wenn sie schlafen.

Mir war als Kind das Beten vor dem Essen und dem Ins-Bett-Gehen immer sehr wichtig, weil mir das ein Gefühl der Sicherheit und der Geborgenheit gegeben hat. Wenn ich mich daran erinnere, ist das Gefühl sogar immer noch da und bereichert mein Leben um eine Tiefendimension, die ich sonst noch nirgends gefunden habe. Das ist auch der Grund, weshalb ich das gerne an unsere Kinder weitergeben möchte.

Christian, Vater von zwei Grundschulkindern

Einander zuhören und Verbundenheit stärken

»Die wichtigste Stunde ist immer die Gegenwart, der bedeutendste Mensch ist immer der, der dir gerade gegenübersteht, und das notwendigste Werk ist immer die Liebe.« Was der Theologe und Mystiker Meister Eckart im 14. Jahrhundert in weise Worte packte, schleuderte mir mein Sohn etwas direkter, aber nicht weniger zutreffend entgegen: »Nein, Mama, du musst mir *richtig* zuhören!« Schon mit knappen vier Jahren hatte er offensichtlich ein untrügliches Gespür dafür, dass meine Gedanken noch bei der Arbeit und bereits beim Einkaufen waren, während er laut darüber nachdachte, ob nun »Ohnezahn« oder »Sturmpfeil« sein Lieblingsdrache sei. Da er diese Frage eine Zeit lang mehrmals täglich erörterte, waren mir die Argumente, die für den einen oder den anderen sprachen, hinlänglich bekannt. Ich schlich mich also innerlich aus der Situation, um mich »Wichtigerem« zuzuwenden. Scheinbar Wichtigerem, denn für ihn war in diesem Moment ja genau diese Frage das Entscheidende. Und er protestierte zu Recht, dass ich nur physisch anwesend war.

Echte Verbindung braucht echtes Dasein

Verbindung entsteht, wenn sich Menschen einander aufmerksam zuwenden. Weil für Kinder die Verbundenheit mit ihren Bezugspersonen überlebenswichtig ist, haben sie ein ausgesprochen feines Gespür dafür, ob wir uns ihnen aufrichtig zuwenden oder nur so tun als ob. Mit Kindern zusammen zu sein und den Alltag mit ihnen zu teilen ist, so gesehen, nichts anderes als eine fortdauernde Einübung in das Verweilen in der Gegenwart, mit ihnen selbst als unsere unerbittlichen Spiegel und Meister/innen.

Im Beten geschieht etwas ganz Ähnliches: Ich versuche, ganz in diesem Augenblick zu sein. Meine Gedanken sollen zur Ruhe kommen, damit ich still werde und sich ein Hören, ein Gespräch, eine Begegnung ereignen kann. Paradox an der Sache ist, dass ich mich zwar innerlich ausrichten muss (was eine Aktivität ist), ohne jedoch die Stille selbst »machen« zu können. Jörg Zink beschreibt diese eigentümliche Spannung folgendermaßen: »Stille kann man nicht herbeiführen, man kann sie aber vorbereiten. Man lernt etwa einen Gebetsvers auswendig, spricht ihn zwei- oder dreimal und lässt ihn sozusagen ›im Raum‹ stehen. Stille entsteht nicht dadurch, dass wir nichts sagen. Sie kann aber übrig bleiben, wenn etwas Mächtigeres als unser eigenes

Wort im Raum war und der ›Raum‹ sich noch nicht wieder mit Gedanken und Worten gefüllt hat.«[5]

Verweilen bei dem, was ist

Wenn das Beten mit Kindern mehr sein soll, als reflexhaft einen auswendig gelernten Text aufzusagen, ist eine offene und gegenwärtige innere Haltung der Erwachsenen eine unverzichtbare Voraussetzung. Es kann so ein Raum entstehen, in dem Kinder und Eltern gemeinsam bei dem verweilen, was ist: zuhören, was ist; bei sich selbst spüren, was ist; ins Wort bringen, was ist. Zum Beispiel am Abend vor dem Einschlafen, wenn Zeit ist, um zu erzählen, was den Tag schön gemacht hat und was eher schwierig war – ohne Eile, Erklärungen, Bewertungen, Zurechtweisungen und Kommentare. Das mag auf den ersten Blick trivial erscheinen. Doch wenn wir genauer und ehrlich hinsehen, werden wir feststellen, dass wir die Äußerungen unserer Kinder ziemlich oft kommentieren und eher selten absichtslos zuhören.

Wenn es uns gelingt, bekommt das, was die Kinder erlebt haben, was sie belastet und was sie glücklich gemacht hat, einen Platz. Und noch etwas: Auch die eigenen Fehler oder Unachtsamkeiten im Umgang mit unseren Kindern können hier zur Sprache kommen. Kinder lernen auf diese Weise, dass es völlig in Ordnung ist, Fehler zu machen; dass wir trotz allen guten Willens Menschen sind, die sich manchmal doof verhalten und – darauf kommt es an – die zu ihren Fehlern stehen können.

Was zunächst im Gespräch ausgetauscht wurde, kann dann in ein Gebet einfließen, oder das Gespräch wird durch eine Segensbitte abgeschlossen. Dies können eigene Worte der Eltern (und Kinder) sein oder – wenn es den Eltern eher schwer fällt, in eigenen Worten zu beten – ein vorformuliertes Gebet, das den Tag in Gottes Hände gibt und um Segen für die Nacht bittet.

Ein solches Abendritual stärkt, was Kinder so lebenswichtig brauchen: Verbundenheit mit ihren Bezugspersonen. Sie spüren: Ich werde gesehen und ernst genommen. Meine Gefühle haben einen Platz.

In vielen Familien ist am ehesten abends Zeit für ein solches Ritual des aufmerksamen Austauschs. Aber es kann natürlich auch beim Mittagessen sein, falls die ganze Familie oder ein Teil davon gemeinsam isst. Oder während einer kurzen Ruhepause nach dem Kindergarten. Jede Familie hat da ihre eigenen Rhythmen und spürt am besten selbst, was passt. Das Entscheidende ist nicht der Zeitpunkt, sondern die innere Haltung, mit der ich mich als

Mutter oder Vater meinen Kindern zuwende und mit der ich einen Raum eröffne, in dem das Erlebte vertrauensvoll in die Hände einer größeren Macht gelegt werden kann.

Wir haben jeden Abend in Ruhe und mit viel entspannten Gesprächen und selbst erdachten Gute-Nacht-Erzählungen die Kinder ins Bett gebracht. Die Geschichte griff den Tag und die Erlebnisse der Kinder auf und das abschließende Gebet war ein selbst formuliertes, was diese Gedanken nochmals einfach »vor Gott« ablegte. Es ging darum, Leben bewusst zu erleben und anzunehmen, was uns begegnete und die Freude oder den Kummer aussprechen zu können im Bewusstsein, es gibt eine große, gute Kraft – wir nennen sie Gott –, die das Leben und auch mich sieht und vor allem liebevoll sieht.

Beate, Mutter von drei erwachsenen Kindern

Gemeinsam zur Ruhe kommen

Schulranzen an, schnell, wir sind sowieso schon viel zu spät! Essen auf den Tisch und los, alle haben Hunger! Jetzt aber ab ins Bett, morgen musst du wieder früh raus! Familienalltag ist leider viel zu oft von äußeren Zwängen geprägt, was dazu führt, dass alle Beteiligten innerlich atemlos durch den Tag hetzen. Ritualisierte Momente des gemeinsamen Betens, wie ich sie weiter vorne beschrieben habe, können in diesem Getriebe kurz die Zeit anhalten und Möglichkeiten schaffen, für einen Moment zur Ruhe zu kommen.

Mikroauszeiten im Familienalltag

Wenn eine Mutter oder ein Vater am Morgen die Kinder segnet, bevor diese zur Schule losziehen, ist noch für etwas anderes Platz als für das allmorgendliche Antreiben, damit alle pünktlich zur Kita, zur Schule und an den Arbeitsplatz kommen: In der segnenden Zuwendung kann mir bewusst werden, wie unendlich wertvoll meine Kinder mir sind (auch wenn mich ihr morgendliches Rumtrödeln regelmäßig auf die Palme bringt).

Wenn trotz großen Hungers vor dem Essen Zeit ist, für die Nahrung und das Zusammensein zu danken, geben wir der Tatsache Ausdruck, dass es beim gemeinsamen Essen um mehr geht als um die notwendige Nährstoffaufnahme; dass andere daran mitarbeiten, dass wir das Lebensnotwendige zur Verfügung haben; und dass vieles, was wir zum Leben brauchen, Gnade und Geschenk ist.

Wenn das Gute-Nacht-Ritual Zeit lässt wahrzunehmen, was mich und die anderen an diesem Tag gefreut und geplagt hat, was gelungen und was schiefgelaufen ist, dann können auch Tage mit viel Streit und Auseinandersetzungen wieder einigermaßen rund werden.

All dies sind Beispiele für kleine Mikroauszeiten, die Eltern und Kindern einen Raum eröffnen, in dem alle Beteiligten für ein paar Augenblicke zur Ruhe kommen und sich in ihrem Sein, wie es jetzt gerade ist, gesehen fühlen können. Das lässt innerlich aufatmen und kann für den Verlauf des weiteren Tages durchaus einen Unterschied machen.

Die Kinder lassen

»Das Gras wächst nicht schneller, wenn man daran zieht«, sagt ein afrikanisches Sprichwort. Seine Aussage ist unmittelbar einleuchtend und die Vorstellung, dass jemand an kleinen Pflänzchen zieht, in der Hoffnung, sie würden dann schneller oder besser wachsen, erscheint einigermaßen absurd. Und doch tun wir genau das mit unseren Kindern ziemlich oft! Wir ziehen und zupfen an ihnen herum, damit sie dieses tun oder jenes lassen. Wir wünschen uns, dass unsere Kinder zu selbstbewussten Menschen heranwachsen, die ihren Weg gehen. Aber es fällt uns schwer, sie auch jetzt schon »ihr Ding« machen zu lassen.

In den ersten drei Lebensjahren meines Sohnes besuchte ich mit ihm zusammen wöchentlich eine Gruppe, die sich »Spielraum« nannte. In einem großen Raum war eine dem Alter der Kinder entsprechende Entdeckungslandschaft aufgebaut, in der sich die Kinder frei bewegen konnten. Die Kursleiterin begleitete, wenn nötig, die Erfahrungswege der Kinder und achtete auf ihre Sicherheit. Die anwesenden Eltern saßen am Rand dieser Fläche, ohne in die Aktivitäten der Kinder einzugreifen oder aus eigener Initiative mit ihnen Kontakt aufzunehmen. Sie nahmen ihre Kinder stattdessen ruhig und aufmerksam wahr und waren für sie da, wenn sie gebraucht wurden. Mein Sohn liebte es, mit Bällen, Klettersprossen, schiefen Ebenen und anderen Spielgeräten zu experimentieren. Und auch für mich waren diese eineinhalb Stunden jeweils ein Höhepunkt der Woche. Denn sie boten mir einen geschützten Rahmen, in dem ich üben konnte, meinen Sohn liebevoll zu begleiten, ohne immerzu eingreifen zu müssen. Ich lernte hier, seinen Kompetenzen zu vertrauen und sein eigenes Entwicklungstempo zu respektieren. Obwohl der Kurs explizit überhaupt nichts Spirituelles beinhaltete, waren diese Treffen für mich eine tiefe spirituelle Übung.

Dieses aufmerksame und absichtslose Gegenwärtigsein spielt in der spirituellen Praxis vieler Traditionen eine große Rolle. Ich kann es durch Meditation oder Ähnliches einüben – oder dadurch, dass ich meinen Kindern den Raum gebe, sich nach ihrem inneren Plan zu entwickeln; dass ich ihnen mit echtem Interesse zuhöre, dass ich versuche, ihre Bedürfnisse wahrzunehmen, ohne sowieso schon zu wissen, was am besten für sie ist. Und im Kleinen kann ich als Mutter oder Vater diese Haltung jeden Abend an der Bettkante einüben oder wann immer mir meine Kinder erzählen, was sie erlebt haben und was sie bewegt.

Wenn es uns Eltern gelingt, unsere Kinder öfter liebevoll und absichtslos wahrzunehmen, ohne an ihnen herumzuzupfen, kann in uns etwas zur Ruhe kommen, wird unser Familienleben tatsächlich entspannter.

Kein unbeschriebenes Blatt – Erfahrungen der Eltern mit dem Beten

Ob wir als Eltern mit unseren Kindern beten und wie wir dies tun, hat immer etwas zu tun mit unseren eigenen Erfahrungen: Die einen wurden christlich sozialisiert und beten gehört für sie »einfach dazu« – oder sie beten gerade nicht, weil der Glaube und seine Ausdrucksformen, die sie als Kinder gelernt haben, nicht mehr passen, neue aber noch nicht gefunden sind. Die anderen haben eher negative Erfahrungen gemacht, weshalb jede religiöse Praxis mit Beklemmungen oder Widerstand verknüpft ist. Wieder andere sind religiös völlig unerfahren und werden erst durch Fragen ihrer Kinder mit dem Thema konfrontiert.

Egal, ob wir gute oder schlechte Erinnerungen und Erfahrungen mit Religion und religiöser Praxis verbinden: Sie werden das Beten mit unseren Kindern beeinflussen. Wir tun also gut daran, unseren »Rucksack« einmal auszupacken und zu sortieren.

Eigene Gottesbilder und Gebetserfahrungen

Gleichwürdigkeit in der Eltern-Kind-Beziehung, Bedürfnisorientierung, Erziehung auf Augenhöhe und ähnliche Begriffe sind im Mainstream angekommen und werden von einer wachsenden Zahl von Eltern auch gelebt.

Je nach Herkunft sind heutige Eltern selbst schon in einer Atmosphäre der Gleichwürdigkeit aufgewachsen. Andere sind noch in einer Umgebung groß geworden, in der »Bravsein« ein wichtiger Wert war und von Kindern erwartet wurde, dass sie gehorchen und möglichst geräuschfrei mitlaufen. Und ganz viele kennen aus der eigenen Kindheit »irgendwas dazwischen«.

Und genauso sind auch die religiösen Erfahrungen heutiger Eltern sehr vielfältig. Da gibt es auf der einen Seite jene, die erlebt haben, dass Lob und Tadel mithilfe von religiösen Motiven ausgedrückt wurden, wenn etwa gemunkelt wurde, dass der Nikolaus oder das Christkind nur den »braven Kindern« etwas mitbringt. Oder die noch Abendgebete kennen, die das Versagen und Fehlermachen in den Mittelpunkt stellen. Sie sind mit einem Gottesbild aufgewachsen, das einem kritischen Aufpasser gleicht.

Auf der anderen Seite gibt es die, die unter Ausschluss einer Gottesbeziehung groß geworden sind. Sie werden jetzt durch ihre eigenen Kinder vielleicht auf Fragen gestoßen, die Himmel und Erde neu vermessen.

Gottesbilder dürfen sich ändern

Wenn wir unsere Kinder anders ins Leben begleiten und anders mit ihnen beten wollen, als wir das erlebt haben, werden wir – bei allem guten Willen – immer wieder auf unsere Prägungen stoßen. Belastende Prägungen zu erkennen, zu reflektieren und sich von ihnen zu lösen, ist harte innere Arbeit, egal, ob es um pädagogische Glaubenssätze geht oder um Gottesbilder und Vorstellungen vom Beten.

Diesen Prozess kann und will dieses Buch nicht ersetzen. Aber ich lade Sie herzlich ein, die Bilder und Worte, die Sie mit Beten und mit Gott verbinden, genau anzuschauen. In welchen Bildern und Worten haben Sie als Kind sich das Göttliche vorgestellt? Wie sprechen und denken Sie jetzt darüber?

Spüren Sie einmal nach, ob Ihre Gottesbilder und -worte für Sie noch tragfähig sind. Sind es Bilder und Worte, die Sie stärken und nähren? Sind es Bilder und Worte, die Sie mit einem guten Gefühl an Ihre Kinder weitergeben?

Wenn ja: wunderbar. Wenn nicht: Gottesbilder sowie die Art und die Worte, mit denen wir uns dem Göttlichen zuwenden, dürfen und können sich ändern.

Wenn Sie mit Ihren Kindern beten und von Gott sprechen, spüren diese, ob es echt ist, ob Sie etwas Positives damit verbinden oder nur Worte sprechen, die für Sie leere Hüllen oder gar peinlich sind. Und auch für Sie fühlt es sich stimmiger, lebendiger und leichter an.

Dass in immer noch so vielen Gebetbüchern für Kinder ausschließlich vom »lieben Gott« die Rede ist und die Fürbitten in Kindergottesdiensten allzu oft mit »Lieber Gott, bitte mach, dass ...« beginnen, spricht Bände über die Unsicherheit der Erwachsenen, welche Vorstellungen vom Göttlichen Kindern zuzutrauen sind. Das Bemühen, Gebete »kindgerecht« zu formulieren, führt meiner Meinung nach aber oft dazu, dass wir Gott klein denken, und zeigt, wie wenig wir unseren Kindern zutrauen. Jörg Zink stellt fest: »Wir Erwachsenen sind immer eher geneigt, das Kind für einfältiger zu halten, als es ist, als ihm zu viel an Nachdenken zuzumuten. Die Unterforderung ist die größere Gefahr als die Überforderung.«[6] Dabei ist doch die kindliche Vorstellungskraft riesig und ihre Fähigkeit, auch Paradoxes als gegeben anzunehmen, erstaunlich.

Gemeinsam am bunten Bild Gottes weitermalen

Wir müssen unseren Kindern also keineswegs vom »lieben Gott« (der in der Regel männlich und allmächtig ist) erzählen, wenn wir selbst dieses Bild abgelegt und vielleicht ein weitaus vielschichtigeres Bild vom Göttlichen haben. Trauen Sie Ihren Kindern das zu!

Und wenn die Gottesbilder, mit denen Sie selbst aufgewachsen sind, Sie zwicken, ohne dass schon etwas Neues wachsen konnte, oder wenn sich die Frage für Sie überhaupt erst mit Ihren Kindern stellt, dann machen Sie sich getrost gemeinsam auf den Weg, um neue Bilder zu entdecken. Kinder können uns Erwachsenen da inspirierende Weggefährt/innen sein. Fragen Sie Ihre Kinder mal, wie sie sich Gott vorstellen oder wo Gott ist. Es könnte sein, dass Sie staunen, was da alles herausprudelt!

Die Religionspädagogin Susanne Herzog hat einmal ein Gespräch zwischen Grundschulkindern über die Frage, wo Gott wohnt, dokumentiert: »Ein Nachmittag im Hort. Große Fragen werden bewegt. Leon fängt an: Wo wohnt eigentlich Gott? Jenny: Im Himmel. – Und wo ist der Himmel? – Ganz oben, bei den Wolken. – Nein, noch höher. – Aber das geht doch gar nicht. Gott kann nicht so weit sein. Gott ist doch immer hier. – Wie kann Gott gleichzeitig in Afrika und hier sein? – Gott ist ringsherum. Um die ganze Welt. Und in uns. – Gott wohnt in unserem Herz. – Ich glaube, Gott braucht gar kein Zuhause. Da wäre er viel zu einsam. – Gott hat die Menschen gemacht, weil er nicht mehr allein sein wollte. Gott ist lieber bei uns. – Und bei allen. Und überall … Als Religionspädagogin habe ich keine einzige Antwort gegeben. Nicht einmal eine Frage gestellt. Nur das Fragen ermöglicht und über die Antworten gestaunt.«[7]

So können Eltern und Kinder »gemeinsam an dem Bild des unendlichen Gottes weitermalen. So kommen wir ihm näher und merken dabei, dass er ein großes Geheimnis bleibt.«[8]

Zweifel gehören dazu

Begegnen wir einem großen Geheimnis, gehören Zweifel und ungelöste Fragen dazu. Wir müssen auch als Eltern nicht auf jede Frage eine Antwort haben. Sicherheit vermitteln wir unseren Kinder nicht dadurch, dass Fragen, Unsicherheiten und Irritationen, Ängste und Sorgen an uns abperlen wie an einer Teflonpfanne. Vielmehr stärken wir unsere Kinder, wenn sie miterleben, dass erwachsene Bezugspersonen offen und konstruktiv mit Fragen, Zweifeln und Sorgen umgehen. Es macht beispielsweise für ein Kind einen großen Unterschied, ob Papa oder Mama am Abend an der Bettkante für die Genesung der schwerkranken Oma betet, obwohl er oder sie eigentlich weiß, dass eine Heilung nicht mehr möglich ist, oder ob die Traurigkeit darüber, dass Oma so krank ist, dass sie sterben muss, und die Angst vor dem nahenden Abschied gemeinsam in Gottes Hand gelegt werden. Jörg Zink formuliert es folgendermaßen: »Wenn ein Kind lernen soll, im Laufes seines Lebens den Zugang zu Gott immer wieder zu finden, nachdem es ihn verloren hatte, dann wird ihm das am leichtesten gelingen, wenn die Eltern es von Anfang an auf ihren eigenen Weg mitnehmen, auf dem die Zweifel ja auch herumliegen, die Bedenken und Hindernisse, an dessen Ende sie aber immer wieder das Vertrauen und die Hoffnung suchen und finden können.«[9]

Es tut mir gut, wenn ich sagen kann: »Ich weiß nicht, wie das sein wird nach dem Tod. Aber ich wünsche mir, dass es schön ist.« Das tut gut, nicht auf alles eine Antwort haben zu müssen – und das auch zu sagen ...«

Stefan, Vater von vier Kindern im Kindergarten- und Grundschulalter

Wenn Wut, Schmerz, Zweifel und Unverständnis da sind, dürfen – nein – *müssen* auch diese formuliert werden. Denn bekommen sie im Gebet keinen Platz, weil scheinbar nur Dankbarkeit und Vertrauen »erlaubt« sind, fühlt sich das Beten irgendwann unecht an. Psycholog/innen nennen eine Haltung, die dunkle, schmerzhafte Gefühle ächtet und ausschließlich »gute« Gefühle an die Oberfläche lässt, »toxic positivity«. Ich denke, diese Form des Optimismus vergiftet auch das Beten und eine vertrauensvolle Gottesbeziehung unserer Kinder. Lassen wir also zu und ermutigen wir unsere Kinder, auch im Gebet zu wüten und zu zetern, was das Zeug hält, wenn es nötig ist. Gott hält das aus.

»Ich versuche, den Kindern etwas von dieser Hoffnung zu erzählen, der Hoffnung, die mich trägt, dass es einen Gott gibt, der sich am Ende für das ganze Elend verantwortet, Fragen beantwortet; einen Gott, der sich durch Gerechtigkeit und Barmherzigkeit auszeichnet; dass den Opfern Gerechtigkeit widerfährt, die Täter zur Rechenschaft gezogen werden und dass wir uns alle irgendwann einmal wiedersehen.

Ich versuche eher, diesen Glauben in der Praxis zu konkretisieren und weniger in der Kontemplation. Und ich möchte meinen Töchtern auch vermitteln, dass Glaube ohne Vernunft nicht funktioniert und dass es sich immer lohnt, nachzufragen und sich auch von Dingen zu verabschieden, die einen nicht mehr tragen.«

Vera, Mutter von drei Töchtern zwischen 8 und 12

Wenn die Gemeinsamkeit fehlt

Das Beten als Teil der Familienkultur zu etablieren kann auch dann schwerfallen, wenn die Eltern unterschiedliche religiöse Vorstellungen haben oder nur ein Elternteil überhaupt religiös ist. Es besteht dann vielleicht bei einem Elternteil eine Hemmschwelle, z.b. vor dem Essen gemeinsam zu beten, obwohl das Bedürfnis danach da ist. Hier ist natürlich genauer hinzuschauen, ob es beim anderen Elternteil lediglich Berührungsängste sind oder ob es einen gemeinsamen religiösen Ausdruck ablehnt. Sind es lediglich Berührungsängste, dann könnte eine Lösung sein, dass der religiöse Elternteil beim gemeinsamen Beten am Tisch die Initiative übernimmt und der andere Elternteil für sich schaut, wieweit er oder sie sich einlassen kann. Gibt es eine grundsätzliche Ablehnung, können Eltern vielleicht vereinbaren, dass eine explizit religiöse Ausdrucksform lediglich mit dem einen Elternteil praktiziert wird (z.B. beim Zu-Bett-Gehen).

Beim gemeinsamen Essen findet sich dann vielleicht ein kleines Ritual, das Dankbarkeit zum Ausdruck bringt, ohne einen explizit religiösen Bezug herzustellen. Ein sehr beliebter Tischspruch in solchen Familienkonstellationen ist folgender Vers von Christian Morgenstern:

Erde, die uns dies gebracht.
Sonne, die es reif gemacht:
Liebe Sonne, liebe Erde,
euer nie vergessen werde!

Ob ein solcher Tischvers der kleinste gemeinsame Nenner ist, mit dem keine/r wirklich glücklich ist oder eine gemeinsame Form des Innehaltens und Dankens, die allen Freiraum gibt, ist nicht zuletzt eine Frage der inneren Haltung.

Ich kenne einige Familien, in denen zwar eine/r der Partner/innen nicht religiös ist, es aber vollkommen akzeptiert oder sogar begrüßt, wenn der/die andere diese Dimension ins Familienleben einbringt. Für Kinder ist es jedenfalls eine durchaus bereichernde Erfahrung zu erleben, dass es unterschiedliche Möglichkeiten gibt, das Leben und die Welt zu deuten, und dass auch Menschen, die sich lieben, Unterschiede aushalten und gestalten können.

Dies gilt genauso für interreligiöse Familien. Bei allen Herausforderungen, die damit verbunden sind, ist es ein großer Schatz, wenn weltanschauliche Pluralität in der Familie respektvoll gelebt wird. Der Religionspsychologe Stephan Huber unterscheidet die personale und die soziale Seite der Religiosität und betont, dass es meist die soziale Seite ist, die zu Konflikten zwischen interreligiösen Paaren führt, während die personale Seite, also die individuelle Spiritualität, eher als Ressource erlebt wird.[10] Diese Beobachtung kann dazu ermutigen, in der Familie Formen des gemeinsamen Betens zu finden, die für alle Beteiligten stimmig sind.

Wir beten und singen religiöse Lieder mit den Kindern. Meine Frau macht es auch, obwohl sie nicht gläubig ist in dem Sinne, wie ich gläubig bin, mit einem Glauben an eine transzendente Wirklichkeit, an ein Weiterleben nach dem Tod, an göttliche Führung. Sie spürt aber die spirituelle Energie der Texte und Lieder und lässt sich darauf ein.

Uli, Vater von zwei Söhnen im Grundschulalter

Zusammen unterwegs

Was kann uns also helfen, die Erfahrungen, Prägungen und Gegebenheiten, die uns das Beten vielleicht schwer machen, leichter zu nehmen? Für mich ist es vor allem das: So wichtig es ist, dass wir Erwachsenen unsere eigenen Erfahrungen reflektieren und uns unserer Prägungen bewusst sind, so wichtig ist es, uns bewusst zu machen, dass wir nicht allein unterwegs sind, dass es eben nicht nur unsere Geschichte ist.

Wir machen als Eltern ein Angebot und öffnen Räume, sind aber nicht die allein maßgeblichen Akteur*innen. Wenn wir uns mit unseren Kindern auf den Weg machen, eine spirituelle Haltung einzuüben und zu leben, dann sind unsere Kinder mit dabei: mit Unbefangenheit gegenüber fast allem, großer Entdeckungslust, einer Hingabefähigkeit an den gegenwärtigen Moment und einem unerschütterlichen Vertrauen in ihre Bezugspersonen. Uns von unseren Kindern an die Hand nehmen zu lassen und uns in diese Qualitäten einzuschwingen, bereichert uns und nimmt uns manch schwere Last von den Schultern – auch beim Beten. Und das eröffnet eine große Weite und Spielraum im wahrsten Sinne des Wortes.

Und nicht zuletzt leben auch andere Bezugspersonen den Kindern etwas vor, was auf eine religiöse Dimension des Lebens verweisen kann: der Nachbar, der das Grab seiner verstorbenen Frau so schön herrichtet, die Oma, die den Kindern beim Abschied immer mit Weihwasser ein Kreuzchen auf die Stirn zeichnet, die Erzieherin im Kindergarten, die so schöne Lieder singt, der Patenonkel, der seine Patentochter mit zum Sonnenaufgang nimmt ...

Noch einmal anders gesagt: »Wenn ein Kind eine Reise macht, füllt man seinen Rucksack mit Proviant. Was es damit tut, wird die Zeit schon lehren. Es ist immer besser, den Kindern etwas mitzugeben als gar nichts [...]. Man kann es mit den Gegebenheiten beim Musikunterricht vergleichen: Man gibt einem Kind ein Instrument in die Hand und läßt es unterrichten. Natürlich hofft man, dass daraus ›etwas wird‹. Doch ob etwas daraus wird und wie es sich dann entwickelt – das wird sich später schon zeigen. Es ist auch eine Frage des Vertrauens, denn das hat man dann doch nicht mehr in der Hand. Schließlich ist ein Kind ja kein leeres Faß, in das man alles hineingießen kann, was man nur will, bis es eben voll ist. Da drinnen geschieht etwas mit allem Aufgenommenen. Und oft kommt etwas ganz anderes heraus, als man hineingegeben hat.«[11]

Wir beten mit unseren Kindern, weil es für uns beide schon vorher eine Selbstverständlichkeit war, weil wir beide spüren, dass uns ohne etwas fehlt. Insofern wäre es merkwürdig und künstlich gewesen, das nicht weiterzugeben.

Ein weiterer Grund ist: Wir wollten unseren Kindern in jeder Hinsicht eine Heimat geben. Dazu gehört auch der Glaube. Man kann sich als Heranwachsender oder Erwachsener kritisch mit seiner Heimat auseinandersetzen, man kann sie auch hinter sich lassen, wenn sie einem nicht mehr behagt. Aber gar keine Heimat zu haben, keinen Standpunkt, von dem man sich gegebenenfalls distanzieren kann, ist kein guter Start. Das habe ich so von einer Freundin gehört, die komplett atheistisch erzogen wurde ... aber das war nur eine Bestätigung, nicht der Ausschlag für unseren Umgang damit in der Familie.

Sandra, Mutter von zwei Teenager-Jungen

Mehr als »Bitte, lieber Gott ...« – Wie eigentlich »geht« Beten?

Wie also »geht« nun Beten mit Kindern? Ich glaube: Mehr als ein Konzept oder besonderes Wissen brauchen wir ein gutes Gefühl für den Moment und für unsere Bedürfnisse. Platzt unser Herz nach einem ereignisreichen Familienausflug gerade vor lauter Freude und Dankbarkeit? Sind wir nach einem anstrengenden Tag alle platt und genervt? Liegt Anspannung in der Luft, weil es viel Streit gab? Das, was gerade an der Oberfläche liegt, hat Priorität, und alles kann im Gebet Platz finden.

Und wenn an manchen Tagen das Beten mal keinen Platz hat, ist das auch in Ordnung. Lassen wir uns mitnehmen von dem, was uns das Leben gerade präsentiert, weg von dem, was sein muss, hin zu dem, was sein darf.

Auf den Schultern der Tradition

Wenn wir religiös sozialisiert sind, fallen uns beim Stichwort Kindergebete wahrscheinlich als Erstes die Gebete ein, die wir verinnerlicht haben, weil wir mit ihnen aufgewachsen sind; Gebete, die unsere Eltern oder Großeltern mit uns gebetet haben und die ihnen vielleicht wiederum von ihren Eltern vermittelt wurden. »Ich bin klein, mein Herz ist rein. Darf niemand drin wohnen, als Jesus allein«, hat meine Oma mit mir gebetet, wenn wir auf unseren Spaziergängen zum Friedhof manchmal noch in die Kirche hineingeschaut haben.

Wie und was wir beten (und nicht nur das), verbindet uns mit den Generationen vor uns. Weil Menschen seit Jahrtausenden beten, können wir auf eine sehr lange Tradition zurückschauen, die uns verschiedenste Gebetsformen und Gebetsworte überliefert hat.

Das biblische Buch der Psalmen etwa ist ein uraltes Zeugnis dafür, wie Menschen mit dem Göttlichen gesprochen und gerungen, ihm gedankt und es verehrt haben. Auch andere biblische Gebete sind in die kirchlichen Traditionen eingegangen, das Vaterunser (das Gebet Jesu in Matthäus 6,9–13) zum Beispiel wird in allen christlichen Kirchen gebetet. Das Magnificat, wie Marias Lobpreis während ihres Besuchs bei Elisabeth genannt wird (Lukas 1,46–55), gehört zum Abendgebet der katholischen Kirche. Und der Aaronitische Segen (Numeri/4. Mose 6,24–26) hat einen festen Platz im protestantischen Gottesdienst: »Der HERR segne dich und behüte dich. Der HERR lasse sein Angesicht leuchten über dir und sei dir gnädig. Der HERR wende sein Angesicht dir zu und schenke dir Frieden.«

Darüber hinaus gibt es eine unglaubliche Fülle an Gebeten aus der Tradition, die bestimmten Urheber*innen zugeschrieben werden oder einfach dem Volksgut entstammen.

Unsere eigene Sprache finden

Wie wir zu Gebeten aus der Tradition stehen und was sie in uns auslösen, ist sehr individuell. Sie können uns fremd erscheinen oder sogar ärgern (wegen ihrer Gottesbilder, ihrer moralisierenden Aussagen oder Ähnlichem). Sie können uns so vertraut sein, dass sie ein gutes, geborgenes Gefühl in uns hervorrufen und uns gerade in sehr emotionalen Situationen wie ein Geländer sind, an dem wir uns festhalten können. Oder sie sagen uns einfach nichts. All das ist möglich und all das ist in Ordnung.

Mir gefällt der Gedanke, dass wir in einem langen Strom der Menschen stehen, die vor uns geglaubt und gebetet haben. Aber die Tradition ist nichts, was wir einfach übernehmen müssen, egal, ob sie zu uns passt oder nicht. Wir dürfen uns von ihrem Suchen, ihrem Vertrauen und den Worten, die sie dafür gefunden haben, inspirieren lassen. Mit all den Beterinnen und Betern vergangener Zeiten im Rücken sind wir eingeladen, unsere eigene Sprache zu finden.

Der Tradition eine Chance geben

Wenn wir uns mit unseren Kindern auf den Weg machen, dürfen wir schauen, was aus der Tradition wir mitnehmen wollen und wo wir neue Worte und Formen für unser Beten brauchen. Doch wir sollten nicht so damit umgehen, als hätte alles vor uns allein deshalb keine Berechtigung, nur weil es »alt« ist. Denn auch Texte, die uns zunächst einmal fremd sind, haben das Potenzial, unseren Horizont zu erweitern. Kinder können dadurch andere und vielfältige Gottesbilder kennenlernen, vielleicht auch andere Nöte und Sorgen. Gerade die Bibel ist voll mit variantenreichen Gottesanreden und Umschreibungen: Gott als Hirte, Hebamme, Ewiger, stillende sorgende Mutter, Adler, Bärenmutter usw.

Manchmal versteckt sich hinter befremdlichen Worten eine für uns bedeutungsvolle Aussage, die wir nur nicht auf Anhieb verstanden haben. Wir müssen uns vielleicht erst zu ihr »hindurchkämpfen«, manchmal auch mit den Kindern zusammen. Im gemeinsamen Nachdenken und Sprechen über einen Text können wir erforschen, in welcher Zeit er entstanden ist und welche Lebenswirklichkeit die Menschen damals geprägt und zu diesen oder jenen Ausdrucksweisen und Gottesbildern geführt hat.

Manchmal ist es einfach ein Gefühl, aus dem heraus wir uns auf einen Text einlassen. Wir spüren, dass da etwas drinsteckt, *obwohl* die Worte nicht unbedingt unsere sind und wir nicht jeder einzelnen Aussage voll zustimmen können.

Wenn ich meinen Sohn ins Bett bringe, singe ich ihm zum Einschlafen immer Matthias Claudius' Abendlied »Der Mond ist aufgegangen« vor. Das Lied stammt aus dem 18. Jahrhundert und benutzt die Sprache des 18. Jahrhunderts. Es bittet Gott, uns vor Strafen zu verschonen (was umgekehrt bedeutet, dass Gott uns strafen *könnte*, und das entspricht nicht dem Gottesbild, das ich vermitteln möchte) – und nur die »Brüder« legen sich in Gottes Namen hin. Ich könnte mich auf diese Details konzentrieren und das Lied deshalb zur Seite legen. Aber ich habe entschieden, mich einzulassen auf all das, was es eben auch vermittelt (die vertraute Melodie tut da natürlich ihren Teil dazu): eine Geborgenheit im großen Ganzen. Das tut mir gut und das gebe ich meinem Sohn gerne mit. Vielleicht ist dies das wichtigste Kriterium bei der Frage, welche Texte und Lieder aus der Tradition wir in unseren Gebetsschatz aufnehmen wollen: dass sie uns in unserer Seele berühren und eine wohltuende Wirkung entfalten. Denn dann tun sie das auch bei unseren Kindern.

Kinder ernst nehmen

Egal, wie wir beten – mit traditionellen Gebeten oder in unseren eigenen Worten, singend oder sprechend, laut oder leise –, es gibt aus meiner Sicht eine wichtige Grundlage, die wir nie, nie, nie außer acht lassen dürfen: Wir müssen unsere Kinder ernst nehmen (nicht nur beim Beten übrigens). Was bedeutet das fürs Beten?

Kindgemäß, nicht kindisch

Was den Inhalt des Betens und die Worte, die wir wählen, betrifft, finde ich eine Aussage von Jörg Zink unübertrefflich: »Mit Gebeten muss man erwachsen werden können.«[12]

Was heißt das konkret? Wir sollten uns davor hüten, mit allzu niedlichen Worten von Gott zu sprechen. Gebete, die wir mit unseren Kindern möglicherweise über Jahre fast täglich sprechen, prägen sich in die kindliche Seele, in die Erinnerung ein. Wir sollten deshalb Worte wählen, die in ein paar Jahren dem Teenager oder Erwachsenen im Rückblick nicht peinlich sind. Einfache Worte, klare Strukturen, Wiederholungen, Reime – all das ist sinnvoll und kindgemäß. Und darüber hinaus brauchen Kinder unbedingt Gedanken, in die sie »hineinwachsen« können.[13]

Dazu gehört die Einsicht, dass beten nicht gleichbedeutend ist mit bitten und dass wir zwar darauf vertrauen dürfen, dass das göttliche Gegenüber uns zugewandt ist, sich aber eher nicht als Wunscherfüllungsmaschine eignet. »Lieber Gott, bitte mach, dass …« ist nicht nur theologisch fragwürdig, sondern vermittelt Kindern das Bild von einem Gott, dem wir einen Wunschzettel zukommen lassen können, um deren Erfüllung er sich dann kümmert. Aber warum kümmert sich Gott nicht darum, dass der Hamster wieder gesund wird? Weshalb ging das Vorturnen trotz der innigen Bitte daneben? Und warum gibt es immer noch so viele Kriege auf der Welt, obwohl wir so oft beten, dass Gott machen soll, dass die Menschen sich vertragen?

Diese Fragen rühren an die Theodizee (d. h. die Frage, warum ein guter, allmächtiger, liebender Gott Leid in der Welt zulassen kann), die seit Jahrhunderten Menschen beschäftigt. Wenn ich meine, dass das allzu konkrete Bitten in Kindergebeten problematisch ist, geht es mir nicht darum, Kinder vor dieser Frage zu bewahren. Sie auszuhalten und immer wieder neue Antwortversuche zu unternehmen, gehört zum Leben eines glaubenden Menschen dazu.

Genauso wenig plädiere ich dafür, nicht mehr für andere oder dies oder jenes zu beten. Im Gegenteil: Die Welt und andere Menschen in unser Gebet hineinzunehmen ist so wichtig! Wir schauen damit über den eigenen Tellerrand und drücken aus, dass wir miteinander verbunden sind: als Teile der einen großen Menschheitsfamilie. Fürbitte in diesem Sinn ist mehr, als um dies oder das zu bitten. Für andere zu beten kann heißen, in Gedanken bei ihnen zu verweilen, uns einzufühlen in ihre Situation und Mitgefühl zu kultivieren. Und es bringt uns selbst ins Spiel: Wenn wir beim Abendgebet an das Nachbarskind denken, das am Nachmittag beim Rollerfahren heftig gestürzt ist, stellt sich fast von allein die Frage, was wir konkret dazu beitragen können, damit es ihm bald wieder besser geht.

So können wir für Kinder den Raum des Betens und die Vorstellung vom Göttlichen weit machen. Denn Beten ist kein Wunderheilmittel und Gott kein Rundum-sorglos-Paket, mit dem wir uns aus der Verantwortung ziehen können. Wenn Kinder miterleben, dass das Gebet ein Ort ist, wo ich mein Herz ausschütten, meine Sorgen teilen, klagen und hadern kann und wo ich genau dadurch vielleicht irgendwann zum Vertrauen finden kann, dass wir im großen Ganzen geborgen sind, ganz egal, was passiert – dann wachsen sie in eine Gottesbeziehung hinein, die aushält, dass das Göttliche uns zwar zugewandt, aber immer auch unbegreiflich bleiben wird. Und das ist eine Gottesbeziehung, mit der Kinder erwachsen werden können.

Ein fester Bestandteil unseres Zu-Bett-Bringens war ein Gespräch über den vergangenen Tag. Einer von uns Eltern, meist ich, fasste dies dann in ein freies Gebet; dieses umfasste die »Rubriken«: danken, klagen, bitten mit Fürbitten. Wenn ich so gebetet hatte, fragte ich, ob es gut sei oder noch etwas dazu sollte. Das Segenszeichen auf der Stirn bildete den Abschluss.

Psychologisch hilft diese Gebetsform, den vergangenen Tag nicht in die kommenden hinein zu »verschleppen«. Theologisch gesehen, hat jeder Tag genug an seiner eigenen Sorge. Unsere Tochter hat sich oft um andere gesorgt, und da hat ihr diese Gebetsform geholfen. Und mir selbst war wichtig, dass, wie in den Psalmen, auch das Klagen Platz hat, dass »wahr sein« wichtiger ist als »brav sein« und dass man im Ansatz miteinander im Frieden sein kann, auch wenn ein Problem am vergangenen Tag nicht völlig gelöst werden konnte.

Ob unsere Tochter heute noch mit einem »Gegenüber«-Gott lebt oder mehr a-theistisch glaubt,
weiß ich nicht. Der Spiritualität von Taizé ist sie
jedenfalls verbunden. Die Gebetsform, mit der sie
aufgewachsen ist, lässt Entwicklungen auf dem
Weg zu einem Erwachsenenglauben zu.

Hans Jörg, Vater einer erwachsenen Tochter

Widerstände ernst nehmen

Kinder ernst nehmen bedeutet auch, ihre Widerstände anzunehmen. Hat das Kind keine Lust, wie an den anderen Abenden den Tag gemeinsam durchzugehen und ins Gebet zu bringen und tobt stattdessen im Bett rum? Dann eben nicht. Vielleicht ist es zu müde. Oder es hat gerade jetzt das Bedürfnis nach Autonomie und Selbstbestimmung, das sich nun eben im Nein zum gewohnten Abendritual ausdrückt (ein anderes Mal in der Weigerung, die Zähne zu putzen oder den Schlafanzug anzuziehen ... wir kennen das alle ...). Die Bedürfnisse des Kindes zu sehen und gemeinsam zu überlegen, wie sie erfüllt werden können, ist dann wichtiger, als den gewohnten Ablauf »durchzuziehen«. Wenn die Müdigkeit zu groß ist, passt es vielleicht, wenn der Papa statt des gemeinsamen Gebets kurz und knapp um den Segen für die Nacht bittet. Oder es entsteht ein Hops-Gebet im Rhythmus der Matratzensprünge, weil der Bewegungsdrang noch groß ist. So wichtig Rituale und Gewohnheiten sind, so frei dürfen wir sein, sie zu verändern oder auszusetzen.

Manchmal haben Kinder auch inhaltliche Widerstände, etwa wenn das Gebet, das üblicherweise zusammen gebetet wird, nicht ihrer Stimmung und ihrem Erleben entspricht. Jörg Zink erzählt eine Begebenheit, die zunächst nach lustigem Kindermund klingt, uns aber weitaus mehr zu denken geben kann:

»Es gibt Spinat. Der kleine David soll das Tischgebet sprechen. Verstockt sitzt er vor dem grünen Zeug. Schließlich: ›Komm, Herr Jesus, sei unser Gast, dann siehst du, was du uns bescheret hast!‹ Dass man für Spinat auch noch danken soll, das ist eine Idee, auf die nur die Erwachsenen kommen können! Aber wer von den Erwachsenen bringt es fertig, für sein Schicksal dankbar zu sein, wenn es ihm Kummer und Mühe bringt oder ihm öde und sinnlos erscheint?«[14]

Ja, warum eigentlich sollen wir danken, wenn uns gar nicht danach ist? Wenn im Gebet alles Platz hat (wie es uns nicht zuletzt die Psalmen vermitteln), dann auch der Frust darüber, dass es schon wieder Spinat gibt. Ist der Ärger erst einmal ausgesprochen, sieht die Welt möglicherweise schon wieder ein bisschen besser aus. Und immerhin die Kartoffeln schmecken doch ganz gut.

Auch beim Umgang mit den Widerständen unserer Kinder dürfen wir uns daran erinnern, dass Beten keine pädagogische Maßnahme ist, sondern eine Möglichkeit, mit einem Gegenüber-Gott in Beziehung zu treten.[15] Und zu einer guten Beziehung gehört es eben auch, dass ich mal Dampf ablassen darf.

Selbst wenn wir innerlich vielleicht zusammenzucken, sollten Kinder beten, wie ihnen der Schnabel gewachsen ist und wie es ihrer Stimmung gerade entspricht (Gott hält auch Schimpfworte aus, da bin ich mir ziemlich sicher).

Beten begreifbar machen

Beim Beten mit Kindern denken die meisten zuerst an gereimte Verse vor dem Essen oder die Fürbitte und ein Segenslied am Abend. All diese Formen gehören ganz wesentlich zum Beten dazu. Wenn wir mit Worten beten, erleben Kinder, in welcher Beziehung wir zum göttlichen Gegenüber stehen. Sie lernen, selbst eine Sprache für ihren Glauben zu finden.

Weil vor dem sprachlichen Ausdruck aber das Tun steht und Kinder vor allem durch sinnliche Eindrücke die Welt verstehen, ist es eine durchaus gute Idee, »beten« nicht allein auf Worte zu beschränken. Auch Gesten, Handlungen, Rituale drücken aus, dass und wie wir mit dem Göttlichen verbunden sind. Liebe äußert sich in tausend kleinen Gesten. Und weil Kinder bis ins Grundschulalter vor allem durch Nachahmung lernen, lohnt es sich, das, was wir unseren Kindern an religiösen Haltungen vermitteln wollen, auch ins Tun zu übersetzen bzw. unser Verhalten zu reflektieren, ob es unsere Worte unterstützt oder eher konterkariert.

Grund unter unsere Worte legen

Ein Beispiel: Wir danken beim Tischgebet für das Essen, das vor uns steht – nicht zuletzt, weil wir uns wünschen, dass unsere Kinder die Lebensgrundlagen, die uns geschenkt werden und die wir zum Leben brauchen, wertschätzen. Drücken sich dieser Wunsch und unsere eigene Dankbarkeit auch in unserem Verhalten aus? In der Art, wie wir essen und wie wir mit Nahrungsmitteln umgehen? Die Regisseurin Doris Dörries erzählt von einer Erfahrung aus Japan: »Es hat viele Jahre gedauert, bis mir auffiel, dass ich immer die Einzige war, die auf der Straße aß oder trank. Bis heute setzt man sich in Japan hin zum Essen und Trinken (wie früher bei uns auch). Man widmet seine Aufmerksamkeit selbst einem Reisbällchen. Und verbeugt sich sogar kurz vor ihm: *itadakimas*. Man bedankt sich beim Reis, bei der Pflaume, beim Seetang für die reizende Unterstützung in unserem Leben.«[16]

Unser Tun und Lassen legt Grund unter unsere Worte. Das ist das eine, weshalb Gesten und Rituale so wichtig sind. Gleichzeitig hilft es Kindern zu begreifen, wenn sie sich selbst sinnlich ausdrücken und mit den Händen etwas tun. Gemeinsame Gesten und Rituale, an denen sich Kinder mit Händen und Sinnen beteiligen können, machen es ihnen leichter, auch mit dem Herzen dabei zu sein.

Sinnliche Erlebnisse schaffen

Das Anzünden einer Kerze ist für mich so ein kleines Ritual mit großer Kraft. Vor dem Tischgebet eine Kerze anzuzünden, mag auf den ersten Blick trivial erscheinen. Tun wir es bewusst, drückt sich darin aus und verdichtet sich, dass alle am Tisch um eine Mitte versammelt sind.

Wenn ich mit meinen Eltern in einer fremden Stadt war, gehörte ein Besuch der Kirche immer dazu. War es eine katholische Kirche, war es obligatorisch, ein paar Münzen in den Schlitz der schmiedeeisernen Kasse zu stecken und dafür ein Kerze oder zwei anzuzünden. Meine Mutter hat mir gegenüber nie darüber gesprochen, was ihr das bedeutete. Aber *dass* es ihr etwas bedeutete, habe ich deutlich gespürt. Ich mache das heute auch. Mein Sohn darf die Kerze an einer der bereits brennenden anzünden und er sagt dabei meistens von sich aus, für wen sie brennen soll.

Eine andere Möglichkeit, unser Beten begreifbar zu machen, ist, irgendwo in der Wohnung einen Ort zu gestalten, an dem wichtige Ereignisse des Tages, Sorgen, Glücksmomente usw. ihren Platz haben und »vor Gott gebracht« werden können. Mit Steinen, gemalten Bildern oder kleinen Alltagsgegenständen können wir unseren Dank und unsere

Bitten ausdrücken und sie zum Beispiel am Abend gemeinsam bei »unserem Platz« ablegen, verbunden mit einem Gebet oder einem Lied. Wer sein Symbol ablegt, kann erzählen, was es ihm oder ihr bedeutet. Die anderen hören zu. Es geht nicht darum, auf die Symbole zu reagieren oder sie zu kommentieren. Sie dürfen einfach an diesem schönen Platz liegen und uns daran erinnern, dass unsere Erlebnisse und Gefühle ganz genauso vor Gott sein dürfen.

Und weil körperliche Erfahrungen für Kinder so wichtig sind, sollten wir beim Beten mit Kindern nicht vergessen, uns zu berühren und uns zu bewegen (nicht umsonst werden viele Kindergebete und -lieder durch Gesten begleitet). Die Geborgenheit, die ein Segensgebet vermitteln kann, fühlt ein Kind beispielsweise noch deutlicher, wenn es nicht nur die Worte hört, sondern dabei fürsorglich umarmt oder gehalten wird.

Eine sehr schöne Geste, die viele Kinder gerne mögen, ist es, sie mit einem gut duftenden Öl zu segnen. Das kann zum Beispiel ein Mandelöl sein, das mit ein paar Tropfen verschiedener ätherischer Öle zu einem ganz persönlichen Öl für jedes Kind gemischt wird. An besonderen Tagen, etwa vor einer Klassenarbeit, kann man damit einen Segen in die Handinnenflächen der Kinder zeichnen. Der Duft begleitet das Kind auf dem Weg in den Kindergarten oder in die Schule und erinnert an die guten und ermutigenden Worte, die damit verbunden waren (zumindest bis zum nächsten Händewaschen).

Auch am Abend kann das Öl zum Einsatz kommen: Manche müden Kinderfüße mögen es, im Bett, zum Beispiel beim Singen des Gute-Nacht-Liedes, mit »ihrem« Öl massiert zu werden.

Gemeinsam still sein
und staunen

Und es gibt noch eine andere Dimension des Betens, vielleicht ist es die grundlegendste. Ein Zitat von Astrid Lindgren fasst diese Dimension für mich treffend in Worte, auch wenn die schwedische Schriftstellerin dabei ziemlich wahrscheinlich nicht ans Beten gedacht hat: »Und dann muss man ja auch noch Zeit haben, einfach da zu sitzen und vor sich hin zu schauen.«

Mit Kindern zu beten kann auch heißen, einfach gemeinsam da zu sitzen und vor sich hin zu schauen. Dabei ist das in der Regel nichts, was wir ihnen beibringen müssen. Viele Kinder können es wahrscheinlich besser als wir Erwachsenen, wenn es ihnen nicht durch allzu viele Mach-jetzt-endlichs, Nun-komm-schons und Trödel-nicht-so-rums abtrainiert wurde.

Aber was um alles in der Welt soll das mit beten zu haben?

Beten ist auch und vor allem absichtsloses Gegenwärtigsein. Wir laden unsere Seele ein, vor – oder besser – *mit* Gott anwesend zu sein. Ganz und gar anwesend anwesend zu sein ist eine äußerst wirksame Form der Beziehungspflege (das trifft im Übrigen auch für ein menschliches Gegenüber zu). Und weil wir uns mit Gott nun einmal nicht an einen Tisch setzen können, dürfen wir »Gott in allen Dingen suchen«, wie es Ignatius von Loyola, der Gründer des Jesuitenordens, ins Wort gebracht hat. Viele Erwachsene müssen sich das in Meditationskursen und Retreats mühsam erst wieder mühsam aneignen. Kinder bringen diese Fähigkeit von Natur aus einfach mit.

Eine kleine Geschichte, die ich kürzlich einmal gelesen habe, illustriert dies auf herzerwärmende Weise: »Ein kleiner Junge sah seinen Nachbarn, der auf der Gartenbank vorm Haus saß und weinte. Es war ein älterer Herr, der kurz davor seine Frau verloren hatte. Da ging der Junge zu ihm, kletterte auf seinen Schoß und saß einfach nur da. Als seine Mutter ihn später fragte, was er zum Nachbarn gesagt hätte, antwortete der kleine Junge: ›Nichts. Ich habe ihm nur geholfen, zu weinen.‹«

Wenn wir uns wünschen, dass unsere Kinder betende Menschen werden, dann ist es gut, mit ihnen zu beten: in Worten, in Liedern, vor dem Essen, am Abend ... Und genauso gut und wichtig ist es, wenn wir uns ab und an einfach zu ihnen setzen. Ohne

Plan, ohne Uhr, ohne Smartphone. Schauen wir gemeinsam den Ameisen beim Arbeiten zu, dem toten Regenwurm beim Totsein, den Wolken beim Weiterziehen. Hören wir, wie der Bach gluckert, die Amsel singt und die Stille still ist ...

Während eines Urlaubs am Meer sind wir mit unseren damals fünf und sieben Jahre alten Töchtern nach dem Abendessen noch einmal an den Strand gegangen. In Decken eingemummelt saßen wir im Sand und beobachteten den Sonnenuntergang. Beide Kinder wurden plötzlich ganz still und schauten andächtig dem Farbenspiel der untergehenden Sonne zu.

Keins fragte: Wo geht die Sonne hin? Keins quengelte: Wann stehen wir auf? Alle vier schwiegen wir miteinander und genossen in Stille das Wunderbare.

Anna nannte es »hören, wie die Sonne schlafen geht«. Und wir mussten dieses stille Ritual jeden Abend wiederholen.

Susanne, Mutter von zwei erwachsenen Töchtern

Magische Momente

Diese Augenblicke gemeinsamen Gegenwärtigseins können zu magischen Momenten werden. Es können Gespräche entstehen, die beim Kleinen anfangen und plötzlich beim großen Ganzen ankommen. Aber selbst wenn das nicht der Fall ist, wir einfach nach einer Weile wieder aufstehen und zu dem zurückkehren, was wir davor gemacht haben: Kinder erleben so, dass es gut ist, bei den Dingen zu verweilen, dass es neben dem Tun ein Sein gibt, neben dem Produzieren ein Empfangen.

Den Raum für dieses gemeinsame Lauschen und Staunen können wir in der Regel nicht vorbereiten und anbieten wie ein gemeinsames Do-it-yourself-Projekt. Es geht wohl eher darum, mit unserer Geschäftigkeit die Momente, die sich zeigen, nicht zu zerstören. Uns vielmehr leise einzuklinken, wenn das Kind selbstvergessen einen Käfer beobachtet oder gebannt in den Gewitterhimmel schaut, ohne zu kommentieren oder zu drängeln und uns selbst zu wichtig zu nehmen.

Daraus kann ein Staunen entstehen und aus dem Staunen eine Dankbarkeit. Und die wiederum füllt das gemeinsame Beten in Worten mit Leben.

Gebete für Familien

Morgen- und Segensgebete

Hilf, lieber Gott, und steh uns bei,
dass dieser Tag gesegnet sei.

traditionell

Mein Gott, vorüber ist die Nacht,
gesund und froh bin ich erwacht.
Behüte mich auch diesen Tag,
dass mich kein Unheil treffen mag.

traditionell

Wo ich stehe, wo ich gehe,
bist du, lieber Gott, bei mir.
Wenn ich dich auch niemals sehe,
weiß ich sicher, du bist hier.

traditionell

Segen sei mit dir,
der Segen strahlenden Lichtes.
Licht um dich her
und innen in deinem Herzen.
Sonnenschein leuchte dir
und erwärme dein Herz,
bis es zu glühen beginnt
wie ein großes Feuer –
und wem kalt ist, der tritt näher,
um sich daran zu wärmen.

Aus Irland

Möge der Weg
dir nicht zu lang werden,
der Wind niemals gegen dich stehen,
Sonnenschein dein Gesicht bräunen,
Wärme dich erfüllen.

Der Regen möge deine Felder tränken,
Kummer dein Haus verschonen.
Gott behüte dich vor allem Bösen,
er behüte dein Leben.

Gott behüte dich, wenn du fortgehst
und wenn du wiederkommst.
Bis wir zwei uns wiedersehen,
halte Gott dich schützend
in seiner großen Hand.

Aus Irland

Am Beginn dieses Tages
gehen unsere Gedanken zu dir, Gott:
Wir glauben dich in unserer Mitte.
An diesem Morgen
suchen wir deine Nähe, Gott:
Wir glauben dich an unserer Seite.
In dieser Stunde
hören wir deinen Ruf, Gott:
Wir glauben dich auf unserem Weg.
Die Zeit zwischen gestern und
morgen
leben wir im Vertrauen auf dich, Gott:
Wir glauben uns in deiner Hand
geborgen.

Christel Voß-Goldstein

Wir stehen vor Dir, Gott,
gebunden an die Erde, die Du liebst.

Hände zeigen zum Boden.

Wir stehen vor Dir, Gott,
ausgestreckt zum Himmel,
den Du versprichst.

Hände sind gerade nach oben ausgestreckt.

Wir stehen vor Dir, Gott,
als Kinder des Himmels und der Erde.

*Eine Hand ist nach oben ausgestreckt, die andere
zeigt zum Boden.*

Wir stehen vor Dir, Gott,
und sind offen für Dich
und das Geschenk dieses Tages.

Hände offen vor dem Bauch, bilden eine Schale.

Quelle unbekannt

Segen für ein neugeborenes Kind

Willkommen auf der Erde,
du neugeborenes Kind.
Du warst geborgen in meinem Schoß,
umhüllt von meinem Körper.
Du bist gewachsen
in deinem ersten Zuhause,
bis du die Reise
in diese Welt angetreten bist.

Willkommen auf der Erde,
du neugeborenes Kind.
Wir freuen uns, dass du da bist,
und nehmen dich in unsere Arme.
Wir wollen dir
ein zweites Zuhause geben,
bis du in deinem Leben weiterreist.

Willkommen auf der Erde,
du neugeborenes Kind.
Du sollst dich hier entfalten können
und den Himmel
manchmal geöffnet sehen.
Wir bitten Gott
um seine Aufmerksamkeit,
er möge dich segnen
auf jedem Schritt.

Christiane Bundschuh-Schramm

Ein Stück Himmel

Sei gesegnet mit all dem Guten,
das vom Himmel kommt,
und mit all dem Schönen und Guten,
das unsere Erde zu bieten hat.

Sei gesegnet mit der Kraft
und der Stärke
des guten Geistes Gottes,
der zu dir steht und dich hält
in allen Lebenslagen.

Sei gesegnet mit der Zuwendung
und der Liebe Gottes
aus der Fülle unserer Erde,
die vom Himmel genährt wird.

Er umgebe und behüte dich
von allen Seiten
und schenke dir so ein Stück
vom Himmel
inmitten unserer Welt.

Roland Breitenbach

Tischgebete

Gott, lass uns bei diesem Essen
deine Güte nicht vergessen.
Teile deine Liebe aus,
gib Frieden uns in Herz und Haus.

traditionell

Alle guten Gaben,
alles, was wir haben,
kommt, o Gott, von dir.
Wir danken dir dafür.

traditionell

Sonne spendest du und Regen,
gibst uns Heimat, Brot und Dach,
und auf allen unsern Wegen
geh'n uns deine Augen nach.

traditionell

Du gibst uns, Gott,
durch Speis und Trank
Gesundheit, Kraft und Leben.
So nehmen wir mit Lob und Dank,
was du uns hast gegeben.

traditionell

Heute,
an diesem Tag,
in diesem Augenblick,
sprechen wir, Gott,
deinen Namen aus,
um an dich zu denken.

Hier,
an diesem Ort,
in dieser Situation,
rufen wir dich, Gott,
an und bitten
um deinen Segen.

Heute,
zu dieser Stunde,
in dieser Gemeinschaft,
schauen wir auf zu dir,
Gott, um von dir unser
Brot zu empfangen.

Paul Weismantel

Wir danken dir, gute Schöpfung,
für das nährende Essen
auf unserem Tisch.
Wir danken dir, göttliche Liebe,
für unsere Liebe
und unseren Zusammenhalt.
Wir möchten teilen,
was du uns schenkst:
Nahrung, Freude, Liebe, Vertrauen.
Damit hungrige Bäuche
und hungrige Herzen
gesättigt werden.

Andrea Langenbacher

Schokoeis mag ich.
Honigbrot und Obstsalat.
Und manchmal auch Gemüsesuppe.
Aber am schönsten ist es,
wenn andere mit mir
zusammen essen.
Wenn der Tisch voll ist
und alle durcheinanderquatschen.
Dann schmeckt das Honigbrot
nochmal so gut –
und erst recht die Gemüsesuppe.

Danke, Gott, für die Menschen,
die mit mir am Tisch sitzen,
und für die, die für mich kochen
und sich um mich kümmern.
Danke, dass du dabei bist.

Andrea Langenbacher

Abendgebete

Gott, der du mich heut bewacht,
beschütze mich auch diese Nacht.
Du sorgst für alle, groß und klein,
drum schlaf ich ohne Sorgen ein.

traditionell

Zur Ruh will ich mich legen.
Mit Liebe und mit Segen,
du, Jesus, schließ mich ein.
So schlaf ich ohne Sorgen
vom Abend bis zum Morgen
als wie im Nest ein Vögelein.

traditionell

Abendsegen

Guter Gott,
am Ende dieses Tages erbitten wir
Deinen Segen.
Bleibe bei uns in dieser Nacht,
schütze unseren Schlaf
und unsere Träume.
Schenke uns Erholung und
Entspannung
in der Welt der Dunkelheit.
Bleibe bei uns,
bei unserer Suche nach Dir,
den Menschen und uns selber.
Schenke uns Vertrauen
und Zuversicht,
dass wir gestärkt den neuen Tag
beginnen können.
Amen.

Brigitte Vielhaus

Vater im Himmel,
wir danken dir für diesen Tag.
Wir danken dir für diese Nacht.
In deiner Hand sind wir,
ob es hell ist oder dunkel,
ob wir wachen oder schlafen.

Alle Bäume schlafen nun,
und sie wachen wieder auf,
wenn es Tag wird.
So wachsen sie und blühen,
und so reifen die Äpfel
und viele andere Früchte.

Lass auch uns wachsen
an unserem Leib und an unserer Seele,
wenn wir schlafen oder wachen,
dass wir so werden,
wie wir in deinen Augen sind.

Jörg Zink

Bleibe bei uns

Unser guter Gott, bleibe bei uns,
damit wir dich manchmal
spüren können
wie die Hand eines geliebten
Menschen.

Unser guter Gott, bleibe bei uns,
damit wir uns wärmen können
wie mit einer Gruppe, die am Feuer
zusammensitzt.

Unser guter Gott, bleibe bei uns,
damit wir gut durch's Leben gehen,
auch wenn der Weg manchmal
steinig ist.

Unser guter Gott, bleibe bei uns,
damit wir die Kraft haben,
unser eigenes Leben zu leben.

Jonathan Düring/Hubert Hering

Ich deck dich zu, mein Schatz,
und wünsch, dass du geborgen bleibst.
Auch dann, wenn meine Arme
müde werden.

Ich wünsch, dass eine Kraft dich hält,
die größer ist als ich.
So groß, dass alle Platz
in ihren Händen finden.
Du und ich.
Und alle Menschen dieser Welt.

Andrea Langenbacher

Wenn es dunkel ist
und alle schlafen,
bist du immer noch da.

Du schaust auf uns,
wie der Mond es tut.

Auch wenn wir dich nicht sehen,
bist du ganz nah.

Andrea Langenbacher

Dankgebete

O Gott!
Mit dir will ich sprechen,
dich will ich rühmen,
wenn die Nacht kommt
und wenn der Tag hell wird.

So viele Lieder will ich dir singen,
wie Sterne sind am Himmel,
so viele, wie du Regentropfen
auf die Erde sendest.
So viele, wie Bäume sind und Blätter,
Menschen und Vögel,
Löwen und Schmetterlinge.

Alles Leben auf der Erde
und unter der Erde,
in der Luft und im Himmel
rühmt dich.

Husein ibn Ali

Lieber Gott,
es ist so ein schönes Gefühl,
zu wissen, dass du immer bei mir bist
und mich beschützt.
Ich weiß, dass du mich immer liebst,
genau so, wie ich bin.
Dafür danke ich dir!
Ich danke dir für diesen
wundervollen Tag,
für meine Familie und meine Freunde.
Danke für mein ganzes Leben!

Petra Kummermehr

Danke für meine Füße, Gott.
Ich kann mit ihnen rennen
und tanzen.
Danke für meine Hände.
Sie schreiben, streicheln, basteln
und klatschen.
Danke für Augen, Ohren und Nase.
Sie sind wie Fenster,
durch die die Welt zu mir kommt.
Danke für dieses Wunderwerk,
das wir Stoffwechsel nennen.
Ich esse was Leckeres
und daraus entsteht die Energie,
die ich zum Leben brauche.
Wie toll ist das denn!?

Danke, dass mein Körper so ist,
wie er ist!

Andrea Langenbacher

Danke

Ich danke allen, die mir vom Beten oder Nicht-Beten in ihren Familien erzählt und damit meinen Horizont erweitert haben.

Dem Gütersloher Verlagshaus und Renate Hofmann danke ich herzlich für das Vertrauen, das sie mir entgegengebracht haben, sowie für Verständnis und Geduld im Entstehungsprozess des Buches.

Danke von Herzen, Susanne, für deine wertschätzende und ermutigende Begleitung und deine konstruktive Kritik. Du warst die Hebamme für dieses Buch!

Tausend Dank, Jessi, dass du dir die Zeit genommen hast, mein Manuskript zu lesen. Dein Feedback bedeutet mir so viel.

Und schließlich: Merci, chéri, für die vielen Sonntage, an denen ich schreiben durfte und du zu Hause die Stellung gehalten hast.

Textnachweise

Heute, aus: Christel Voß-Goldstein, Balance zwischen Mundaufmachen und Händefalten, © bei der Autorin.

Segen für ein neugeborenes Kind, aus: Christine Bundschuh-Schramm (Hg.), Ich will mit dir sein und dich segnen. Segensfeiern und Segensgesten, © bei der Autorin.

Ein Stück Himmel, Roland Breitenbach, Mehr als die alte Leier. Neue Psalmen für Gottesdienst und Gemeinde © Matthias Grünewald Verlag der Schwabenverlag AG, Ostfildern 2009. www.verlagsgruppe-patmos.de.

Heute an diesem Tag, in diesem Augenblick, Paul Weismantel: Tischgebete für Groß und Klein© Vier-Türme GmbH, Verlag, Münsterschwarzach, 2012.

Abendsegen, aus: Du bist der Atem meines Lebens. © Brigitte Vielhaus.

Vater im Himmel, Heidi und Jörg Zink: Kriegt ein Hund im Himmel Flügel? Stuttgart: Kreuz Verlag 2003 © Jörg Zink Erben.

Bleibe bei uns, aus: Jonathan Düring, Hubert Hering: 3 Minuten Stille – Gebete und Meditationen für den Schulalltag © Vier-Türme GmbH, Verlag, Münsterschwarzach, 2007.

Lieber Gott, aus: Petra Kummermehr (Hg.), Danke für diesen Tag: Die schönsten Kindergebete, © Verlag Ernst Kaufmann, Lahr.

Anmerkungen

1   Virginia Satir, Mein Weg zu dir. Kontakt finden und Vertrauen gewinnen, München 2015.

2   Dietrich Bonhoeffer, Aufzeichnungen für einen Jugendlichen, 1928, DBW Bd. 10, Gütersloh 1994, 554.

3   Wie das Alte auf das Neue wirkt. Barbara Bleisch und Catherine Newmark im Gespräch mit Simone Müller, Beitrag vom 3.1.2021, bit.ly/3551aT3 (Stand: 9.3.2021)

4   https://www.bene-magazin.de/glauben/bewusstsein/artikel/klare-ansagen (Stand: 17.5.2021)

5   Jörg Zink, Wie wir beten können, Hamburg 2018, 18.

6   Jörg Zink, Kriegt ein Hund im Himmel Flügel? Religiöse Erziehung in den ersten sechs Lebensjahren, Stuttgart 2003, 92.

7   Susanne Herzog, Gott im Hort, in: Immer schon reich, Frauenkalender 2015, Ostfildern 2014.

8   Marie-Hélène Delval/Rainer Oberthür, Wie siehst du aus, Gott?, Stuttgart 2011, 9.

9   Jörg Zink, Kriegt ein Hund im Himmel Flügel? Religiöse Erziehung in den ersten sechs Lebensjahren, Stuttgart 2003, 92.

10   In der Sendung »Sternstunden« zum Thema »Interreligiöse Familien – was sie trennt und eint« am 17.1. 2021, https://bit.ly/3de8T4G (Stand: 25.4.21).

11   Marieke Anschütz, Religiöse Erziehung. Anregungen für das Leben mit Kindern, Stuttgart 1992, 85.

12   Jörg Zink, Kriegt ein Hund im Himmel Flügel? Religiöse Erziehung in den ersten sechs Lebensjahren, Stuttgart 2003, 133.

13   Jörg Zink, a.a.O.

14   Jörg Zink, a.a.O., 95.

15   Vgl. Heike Helmchen-Menke, Ins Leben begleiten. Religionssensibel durch den Familienalltag, Ostfildern 2020, 23.

16   Doris Dörrie, Die Welt auf dem Teller. Inspirationen aus der Küche, Zürich 2020.

Penguin Random House Verlagsgruppe FSC® N001967

1. Auflage
Copyright © 2021 Gütersloher Verlagshaus, Gütersloh,
in der Penguin Random House Verlagsgruppe GmbH,
Neumarkter Str. 28, 81673 München

Umschlagmotiv: © i-stock photo, tatyana_tomsickova
Druck und Bindung: CPI books GmbH, Leck
Printed in Germany
ISBN 978-3-579-07167-1
www.gtvh.de